CATALOGUE
DE
MONNAIES & MÉDAILLES
ANTIQUES, DU MOYEN-AGE ET MODERNES
ANTIQUITÉS
ROMAINES ET GAULOISES

PIERRES GRAVÉES
FORMANT LE CABINET

De feu M. **RÉNARD**, ancien Maire de Sermaize, (Marne)

DONT LA VENTE AURA LIEU

HOTEL DES COMMISSAIRES-PRISEURS
RUE DROUOT, 5
Salle n.° 3, au 1er étage,

Le Lundi 12 Mars 1855 et jours suivants

heure de midi.

Par le ministère de M° **DELBERGUE-CORMONT**,
Commissaire-Priseur, 8, rue de Provence.

EXPOSITION PUBLIQUE
Pour les Antiquités et les Pierres gravées, le Dimanche 11 Mars 1855,
de une heure à cinq heures.
Et pour les Médailles et Monnaies, le matin de chaque Vacation,
de midi à une heure.

Le catalogue se distribue :
Chez M° **DELBERGUE-CORMONT** Commissaire-Priseur,
rue de Provence, 8,
Et chez M. **ROLLIN**, Marchand de Médailles, rue Vivienne, 12.

1855

CATALOGUE

DE

MONNAIES & MÉDAILLES

CATALOGUE

DE

MONNAIES & MÉDAILLES

ANTIQUES, DU-MOYEN-AGE ET MODERNES

ANTIQUITÉS

ROMAINES ET GAULOISES

ET

PIERRES GRAVÉES

FORMANT LE CABINET

De feu **M. BÉNARD**, ancien Maire de Sermaize, (Marne)

DONT LA VENTE AURA LIEU

HOTEL DES COMMISSAIRES-PRISEURS

RUE DROUOT, 5

Salle n. 3, au 1er étage,

Le Lundi 12 Mars 1855 et jours suivants

heure de midi.

Par le ministère de Me **DELBERGUE-CORMONT**,
Commissaire-Priseur, 8, rue de Provence.

EXPOSITION PUBLIQUE

Pour les Antiquités et les Pierres gravées, le Dimanche 11 Mars 1855,
de une heure à cinq heures,
Et pour les Médailles et Monnaies, le matin de chaque Vacation,
de midi à une heure.

Le catalogue se distribue :

Chez Me **DELBERGUE-CORMONT** Commissaire-Priseur,
rue de Provence, 8,
Et chez M. **ROLLIN**, Marchand de Médailles, *rue Vivienne, 12.*

1855

CONDITIONS DE LA VENTE

Elle sera faite au comptant.

Les acquéreurs paieront, en sus des adjudications, cinq centimes par franc, applicables aux frais.

On commencera chaque Vacation à *1 heure précise*.

Les Antiquités et Pierres Gravées seront vendus le Jeudi 15 Mars 1855.

On suivra l'ordre du catalogue.

CATALOGUE

DE

MONNAIES FRANÇAISES

ET ÉTRANGÈRES.

Gauloises.

1. Dix gauloises de l'Armorique, argent et potin.
2. Huit gauloises de l'Armorique et de la Gaule belgique, potin et bronze.
3. Dix gauloises incertaines, types variés, potin et bronze.
4. Vingt-sept gauloises de la Gaule belgique, Reims, etc. potin et bronze.
5. Dix-huit gauloises en potin et en bronze, dont trois trouvées près de Nasium. Une Lelewell, planche VI, nᵒ 43; une idem Duchalais, 676; une idem Duchalais, 678. Une Germanus indutilis.
6. Trente-trois pièces gallo-romaines, en grand, moyen et petit bronze, frappées pour Lyon, Vienne, Nismes, sous Jules César, Auguste et Tibère. Plus sept morceaux des mêmes pièces ayant été coupées pour sacrifices.
7. Neuf gauloises argent, Empurias, Ausci, deux Vocatès, trois incertaines avec chevaux libres, Vocountii, Rovessio.

8. Dix gauloises argent, deux Andecavi, deux Durna
cus Eburo, Ambiorix, etc.

9. Neuf gauloises argent, Durnacos, Marseille, Epasnactus, etc.

10. Neuf gauloises, Epasnactus, Bricca Coma.

11. Neuf gauloises, Bricca Coma, trouvées en Aquitaine,
avec tête informe et cheval barbare.

12. Neuf gauloises argent et potin, de même espèce.

13. Quatre grands médaillons gaulois, argent. Tête et
cavalier.

14. Quatre grands médaillons gaulois, argent, variés.

15. Id. id. id. un sur
lequel on lit : Suicca.

16. Quatre grands médaillons gaulois, argent; un avec
ριλλ.

17. Quatre autres. Un à deux têtes avec Biatec, un autre
Scyphate.

18. Quatre autres. Un imitant les médaillons de Thasos,
un avec légende Copo.

19. Quatre autres. Un imitant les Tétradrachmes de Philippe de Macédoine.

20. Quatre autres. Un à deux têtes avec Biatec, un autre
avec Busu.

21. Quatre autres; un avec cheval libre, un avec N der-
rière le cavalier.

22. Quatre autres variées.

23. Quatre autres, dont deux imitations de Philippe de
Macédoine.

24. Quatre autres, dont cheval libre, au-dessus une
rouelle.

25. Sept médailles gauloises or, cavalier, et tête barbare.

26. Trois gauloises or. Tête imberbe. ℞. Cheval, au-dessus filet. Tête avec cheveux bouclés. ℞. Cheval libre. Tête avec les cheveux séparés en mèches. ℞. Cheval libre.

27. Trois gauloises or. Tête de Janus. ℞. Cheval, Gaule belgique.

28. Trois gauloises or, attribuées aux Bellovacks.

29. Trois gauloises or, une attribuée aux Ambiani, et deux aux Atrebates.

30. Trois gauloises or. Atrebates, Veromandui, Lelewel, planche IV, n° 13.

31. Trois autres or, une de l'Armorique, tête laurée. ℞. Cheval androcéphale conduit par un aurige.

32. Trois autres or, variées.

33. Trois autres or, une de la Panonie, deux avec oiseau.

34. Trois autres or, Abucato, Mediomatrick.

35. Trois autres or, petit module.

36. Trois autres or, dont une avec six points dans le champ.

37. Trois autres or, Triquetra entre deux branches de feuillages, deux avec étoile.

38. Trois autres or, dont deux petit module.

39. Trois autres or, petites, une Lelewel, planche II, n. 20, une avec toltoy.

40. Trois autres or, dont un d'Epictave.

41. Trois autres or, une id., deux Gaule belgique, petit module.

42. Trois autres or, une grande et deux petites Lelewel, planche III, n° 32.

43. Trois autres or, petit module, avec tête entourée de bandelettes, et cheval androcéphale.

44. Trois autres or, dont deux petits modules.

45. Trois autres or, une concave et deux petites, dont
une le druide Abaris, décrite par M. de la Saussaye
dans la Revue de 1842.

46. Trois autres or, dont une tête imberbe, entourée de
trois autres têtes.

47. Trois autres or, deux grandes et une petite.

48. Trois petites en or, dont une paraît être gallo-bre-
tonne, ayant de l'analogie avec le nº 34, planche VIII de Lelewel.

49. Trois autres or, une grande et deux petites.

50. Trois autres or, dont une avec Cottina, attribuée par
Lelewel à la Gaule belgique et par d'autres à la
Gaule lyonnaise.

51. Trois autres or, dont une au revers représente un
génie surmonté d'une tête d'âne.

52. Trois autres or, deux petites et une grande trouvée
chez les Leuci.

53. Trois autres or, dont une avec φιλιππον.

54. Trois autres or, sur l'une d'elles le cheval porte une
rouelle.

55. Trois autres or, dont une attribuée aux Arverni trouvée dans la Creuse.

56. Trois autres or, deux petites et une grande. (Cette
dernière est fausse et seulement dorée.)

57. Trois autres, dont deux en or, et une en potin togirix.

58. Quinze gauloises argent, Marseille, tête d'Apollon,
tête de Diane et petits modules avec la roue.

59. Quatorze gauloises dont deux argent avec un aigle
et les autres en bronze de différents types et modules.

60. Dix gauloises argent des Combolectri, des Mori-
nienne, des Avaricke.

61. Douze gauloises argent, Elitovius, Bituriges, Q. Doci, Sami.

62. Douze gauloises, neuf en argent, et trois en bronze, la plupart Togirix.

63. Douze gauloises, onze en argent et une en bronze, Abudos, Solimariaca, Dubnorix.

64. Douze autres en argent, Cavares, Caleto.

65. Douze autres en argent, Calete, différents types et différents modules.

66. Treize gauloises dont sept en argent et six en bronze, Orgetorix, Dubnorix, Vigotalus, Diadulos, Aulerci, Eburovices, Pixtilos, Toutobocio, Vadnaius.

67. Douze gauloises, six en argent et six en bronze, Cambiovic, Remos et Atisius.

68. Quatorze gauloises en bronze, la plupart Rémoises.

69. Treize gauloises en bronze et deux en argent, la plupart de Reims, et plusieurs avec les têtes des trois chefs.

70. Vingt-deux gauloises en potin des Veromandui et de la ligue Eduéene.

71. Quatorze gauloises, neuf en argent, 5 en bronze, la plupart de la Gaule lyonnaise, Cricirumis, Ateala, Cantorix.

72. Douze gauloises, huit en argent, quatre en bronze, Rovu, Cosii, Arivos, Turonos.

73. Quarante-sept gauloises, bronze et potin, Ambactus, Germanus indutilis, Cabellio, Nismes, Avaricum, Verga, Contoutos.

74. Seize gauloises, argent, des Tectosages.

75. Dix-huit gauloises argent, des mêmes peuples et variées. Plusieurs avec le sanglier gaulois.

76. Quatorze gauloises argent, des mêmes peuples et quatre en bronze des Volcae arecomices.

77. Vingt-neuf monnaies gauloises en potin très bien conservées et de différents types provenant la plupart de la Champagne et de la Lorraine.

78. Vingt-trois anneaux gaulois de différentes formes et modules en bronze.

79. Quinze anneaux gaulois en bronze variés comme dans le numéro précédent.

80. Douze rouelles gauloises en bronze.

81.   Id.   Id.

82.   Id.   Id.

83. Une rouelle en or à six rayons trouvée près de Nasium, pièce excessivement rare.

84. Une collection très précieuse de onze rouelles en bronze de différentes grandeurs depuis 8 centimètres jusqu'à 2.

Grecques en or.

85. Une jolie petite médaille de *Panorme*. Tête de Cérès et cheval libre.

86. Statère de *Lysimaque*.

Grecques en argent.

87. Trois *Tarente*, trois *Naples*, *Metaponte*, *Velie*.

88. Cinq pièces *Messenie*, *Syracuse* et trois *Thasos*.

89. Six pièces de *Macédoine*, un *Alexandre le Grand* et trois *Corinthe*.

90. Six pièces *Dyrrachium*, *Larissa*, *Histiée*, *Athènes*, *Aradus* et *Ptolémée Soter*.

Grecques en bronze.

91. Vingt-et-une pièces *Gades*, *Emporiæ*, *Turiaso*, *Naples*, *Bruttium*, *Panorme*.

92. Vingt-cinq pièces *Syracuse*, *Agatocles*, *Hieron Ier*, *Hieron II*, *Caene*, *Alexandre III*, *Philippe II*, *Athènes*, *Corinthe*, *Phlius*.

93. Vingt-huit pièces *Corinthe*, *Apamée*, *Amisus*, *Abgar*,
Romethalces, *Antiochus Iᵉʳ*, *Seleucus Iᵉʳ*, *Antioche*, *Autonomes* et impériales de différents types, *Laodicée* et
Tripolis.

94. Vingt-et-une pièces des *Ptolémée* et impériales d'*Alexandrie* du haut empire.

95. Vingt-cinq pièces impériales en potin d'*Alexandrie* du
bas empire, telles que *Claude*, *Aurélien*, *Probus*, etc.

96. Vingt-cinq pièces semblables au lot précédent, en
plus deux médailles de *Carthage*. (En tout 27 pièces.)

As romains.

97. Un grand as, tête de Janus, proue de vaisseau, un
semis, tête de Jupiter, proue de vaisseau, un semis,
Pegase de chaque côté.

98. As d'Hadria, tête de Bacchus Indien de face, chien
couché.

99. Semis, tête de Pallas et tête de femme.
Semis, Taureau et roue.

100. As du poids d'une livre, double tête de femme et
tête virile ailée.

101. Semis. Tête de Jupiter, proue de vaisseau.
Triens. Foudre et dauphin.
Triens. Buste de cheval de chaque côté.

102. Triens. Tête de Pallas, proue.
Triens, Cheval courant, roue.
Quadrans. Sanglier de chaque côté.

103. Tête d'Hercule, proue.
Quadrans. Sanglier de chaque côté.
Quadrans. Main et deux grains d'orge.

104. Quadrans. Tête d'Hercule, proue.
Quadrans. Main et massue de chaque côté.
Quincunx. Croix cantonnée de cinq globules de chaque côté.

105. Sextans. Pétoncle et massue en relief, même type en creux.
Sextans. Pétoncle et caducée.
Quadrans d'Hadria, poisson de chaque côté.

106. Quadrans. Main et deux grains d'orge.
Quadrans. Grande étoile et poisson.
Sextans de Tuder. Chien couché et lyre.

107. As réduit. Type ordinaire d'une fabrique très barbare.
Sextans. Massue de chaque côté.
Sextans. Tête d'un dioscure.
Sextans. Massue, conque et caducée.

108. As. Once d'Hadria, ancre.
Sextans. Massue.
Sextans. Pétoncle et osselets.
Once de Tuder. Deux massues et une main.
Once. Osselet de chaque côté.

109. Deux onces. Têtes casquées et proue.
Once d'Hadria, grand H.
Quincunx. Coq et six points.
Once. Grain d'orge de chaque côté.

110. Deux sextans. Tête de Mercure et proue.
Deux triens de Tuder. Foudre et massue.
Quadrans de Tuder. Grenouille et ancre.
Once. Fer de lance et vase.

111. Dix-neuf as et divisions de création plus moderne, variés de types et de modules.

Consulaires en argent.

112. *Aburia, Accoleia, Acilia, Ælia, Annia* en bronze. (10 pièces.)
113. *Ælia, Æmilia, Afrania, Allia, Annia*, une en bronze. (9 pièces.)
114. *Annia* en bronze, *Antestia, Antia* (5 pièces.)
115. *Antonia.* (5 pièces.)
116. *Antonia.* Légion de deux à vingt-trois. (23 pièces.)
117. *Antonia.* Légion vingt-cinq refaite, Cohortium prætorianarum, cohortis speculatorum, *Apronia* en bronze. (5 pièces.)
118. *Aquilia, Asinia* en bronze, *Atilia, Aurelia.* (7 pièces.)
119. *Axia, Bæbia, Betiliena* en bronze. (3 pièces.)
120. *Cæcilia.* (9 pièces.)
121. *Cæcilia, Cæcina* en bronze, *Cæsia, Calidia, Calpurnia*, une en bronze. (8 pièces.)
122. *Caninia, Carisia.* (2 pièces.)
123. *Carisia, Cassia.* (10 pièces.)
124. *Cassia*, une en bronze, *Cipia, Claudia.* (9 pièces.)
125. *Claudia, Cloulia, Clovia*, en bronze. (10 pièces.)
126. *Cælia, Considia, Coponia, Cordia.* (9 pièces.)
127. *Cordia, Cornelia.* (10 pièces.)
128. *Cornelia, Cosconia.* (9 pièces.)
129. *Cossutia, Crepereia.* (2 pièces.)
130. *Crepusia, Critonia, Cupienna, Curiatia.* (5 pièces.)
131. *Curtia, Didia, Domitia Ahenobarbus.* (3 pièces.)
132. *Domitia.* (6 pièces.)
133. *Duilia* en bronze, *Durmia, Egnatia.* (3 pièces.)
134. *Egnatia, Egnatuleia, Eppia.* (4 pièces.)
135. *Fabia.* (6 pièces.)
136. *Farsuleia, Flaminia, Flavia, Fonteia.* (9 pièces.)
137. *Fufia, Fulvia, Fundania.* (4 pièces.)

138. *Furia, Gellia, Gallia* en bronze. (6 pièces.)
139. *Herennia, Hosidia, Hostilia.* (5 pièces.)
140. *Itia.* (1 pièce.)
141. *Julia.* (6 pièces.)
142. *Julia.* (6 pièces.)
143. *Julia.* (3 pièces.)
144. *Junia.* (5 pièces.)
145. *Junia.* (5 pièces.
146. *Licinia, Livineia.* (5 pièces.)
147. *Livineia, Lollia.* (4 pièces.)
148. *Lucilia, Lucretia, Luria,* deux en bronze. (5 pièces.)
149. *Lutatia, Mæcilia, Mænia, Maiania, Mamilia, Manlia.* (8 pièces.)
150. *Manlia, Marcia,* une en bronze. (10 pièces.)
151. *Marcia, Maria, Memmia.* (10 pièces.)
152. *Mescinia, Mettia.* (2 pièces.)
153. *Minucia.* (5 pièces.)
154. *Minucia, Mucia.* (2 pièces.)
155. *Munatia.* (1 pièce.)
156. *Mussidia.* (3 pièces.)
157. *Mussidia. Nævia,* une en bronze. (4 pièces.)
158. *Nasidia.* (1 pièce.)
159. *Nonia, Norbana, Ogulnia* en bronze. (4 pièces.)
160. *Opeimia, Papia.* (6 pièces.)
161. *Papiria, Petilia.* (4 pièces.)
162. *Petronia.* (4 pièces.)
163. *Petronia, Pinaria, Plaetoria.* (6 pièces.)
164. *Plancia, Plautia, Plotia* en bronze. (6 pièces.)
165. *Poblicia, Pompeia.* (6 pièces.)
166. *Pompeia, Pomponia.* (4 pièces.)
167. *Pomponia.* Six Muses. (6 pièces.)
168. *Porcia, Postumia.* (6 pièces.)

169. *Postumia.* (6 pièces.)

170. *Procilia, Quinctia, Renia.* (5 pièces.)

171. *Roscia, Rubellia* en bronze. *Rubria, Rustia.* (5 p.)

172. *Rustia, Rutilia,* deux *Salvia* et *Sanquinia,* en bronze. (5 pièces.)

173. *Satrienus, Saufeia, Scribonia.* (6 pièces.) Une en bronze.

174. *Sempronia, Sentia, Sepullia.* (5 pièces.)

175. *Sergia, Servilia.* (6 pièces.)

176. *Servilia, Sestia.* (3 pièces.)

177. *Sicinia, Silia,* deux en bronze. (5 pièces.)

178. *Spurilia, Statilia,* en bronze. (2 pièces.)

179. *Sulpicia.* (3 pièces.)

180. *Terentia, Thoria, Titia* (6 pièces.)

181. *Titia, Tituria.* (8 pièces.)

182. *Trebannia, Tullia, Urbinia, Valeria.* (6 pièces.)

183. *Valeria, Vargunteia, Vettia.* (4 pièces.)

184. *Veturia, Vibia,* une en bronze. (8 pièces.)

185. *Vinicia, Vipsania,* en bronze. (2 pièces.)

186. *Voconia, Volteia.* (3 pièces.)

187. *Volteia et incertaines.* (10 pièces.)

Impériales.

188. *Juba I*er*, Juba II, Ptolemée.* (3 pièces argent.)

189. *Pompée* argent, *Pompée* grand bronze. (2 pièces.)

190. *Jules-César,* famille *Hirtia* en or. (1 pièce.)

191. *Jules-César,* famille *Livineia; Jules-César* au revers de *Marc-Antoine,* et deux *Jules-César* sans la tête de la famille *Julia.* (5 pièces argent.)

192. *Jules-César* de la famille *Sepullia; Jules-César* sans la tête. 2 pièces en argent, trois en bronze, dont une fausse. (En tout 5 pièces.)

193. *Cnéius Pompée* fils sans la tête, de la famille *Poblicia*, *Sextus Pompée*, moustre *Scylla*, *Brutus* li-
bertas, *Cassius* lintulus spint. (argent 4 pièces.)

194. *Lépide*, *Marc-Antoine* et *Auguste*. (argent 2 pièces.)

195. *Marc-Antoine* et *Octavie*, médaillon d'argent.
(1 pièce.)

196. *Marc-Antoine* et *Auguste* ; *Marc-Antoine*, tête du so-
leil, *Marc-Antoine*, *Antonius* Aug. imp. III. (4 pièces argent.)

197. *Cléopâtre*. (1 pièce argent.)

198. *Cléopâtre*. (1 pièce argent.)

199. *Lucius Antonius*. (1 pièce argent.)

200. *Auguste*, imp. X. Bœuf cornupète, or. (1 pièce.)

201. *Auguste*. Autel devant deux cerfs, médaillon d'argent. (1 pièce.)

202. *Auguste*. Temple rond, médaillon d'argent. (1 pièce.)

203. *Auguste*. Six épis en faisceau, médaillon en argent.
(1 pièce.)

204. *Auguste*. Capricorne et corne d'abondance, médaillon d'argent. (1 pièce.)

205. *Auguste*. La paix debout, médaillon d'argent.
(1 pièce.)

206. *Auguste*. Revers varié en argent. (12 pièces.)

207. *Auguste*. Revers varié en argent. (15 pièces.)

208. *Auguste*. Grands, moyens et petits bronzes. (19 pièces.)

209. *Julie*. Grand bronze ; *Livie*, moyen bronze ; *Agrippa*
et *Auguste*, moyens bronzes ; *Agrippa*, faux en argent.
(9 pièces.)

210. *Julie*, moyen bronze, frappé à Jol, quatre *Tibère*,
argent. (6 pièces.)

211. *Tibère* en or, femme assise. (1 pièce)

212. Cinq *Tibère*, grand bronze sans la tête, dont un *Tibère* avec la tête, mais faux. Neuf *Tibère*, moyens bronzes, un *Tibère* petit bronze. (15 pièces.)

213. *Drusus* jeune, grand bronze ; *Drusus* jeune, moyen bronze ; *Drusus Senior*, grand bronze ; *Antonia*, moyen bronze. (9 pièces.)

214. *Germanicus* moyen bronze ; *Agrippine*, grand bronze ; *Néron* et *Drusus* à cheval, moyen bronze ; *Caligula*, grand bronze faux. (8 pièces.)

215. *Agrippine*, grand bronze, *Caligula* et *Auguste* en argent. (2 pièces.)

216. *Agrippine*, grand bronze, deux *Caligula* en argent. (3 pièces.)

217. *Caligula*, quatre grands bronzes, dont un faux, deux moyens bronzes et deux petits bronzes. (6 pièces.)

218. Un *Claude* en or. (1 pièce.)

219. Deux *Claude* en argent et deux en grand bronze. (4 pièces.)

220. *Claude*, trois en grand bronze, sept en moyen bronze, et deux en petit bronze. (12 pièces.)

221. *Claude* et *Messaline* en potin d'Égypte, *Claude* et *Agrippine* jeune, *Néron* et *Agrippine*, argent. (3 pièces.)

222. *Néron* en or. (1 pièce.)

223. Deux *Néron*, en argent, trois en grand bronze. (5 pièces.)

224. Deux *Néron*, en argent, trois en grand bronze. (5 pièces.)

225. Deux *Néron* en argent, trois en grand bronze. (5 pièces.)

226. Trois *Néron* en grand bronze et sept en moyen bronze. (10 pièces.)

227. Deux *Néron* en grand bronze, quatorze en moyen bronze. (16 pièces.)

228. Cinq *Néron* en petit bronze, *Néron* et *Junon*, *Néron* et *Poppée*, deux potins, un *Claudius Macer* en argent, faux. (8 pièces.)

229. Un *Galba* en or. (1 pièce.)

230. *Galba*, une en argent et deux en bronze. (3 pièces.)

231. Deux *Galba* en argent, deux en grand bronze, deux en moyen bronze. (6 pièces.)

232. *Othon*, deux pièces en argent.

233. *Othon*, deux pièces en argent, un petit bronze faux. (3 pièces.)

234. *Vitellius*, une en argent, deux en moyen bronze. (3 pièces.)

235. *Vitellius*, deux en argent.

236. Un *Vespasien* en or.

237. *Vespasien*, cinq en argent, trois en grand bronze, et quatre en moyen bronze (12 pièces.)

238. *Vespasien*, six en bronze, trois en grand bronze et trois en moyen bronze. (12 pièces.)

239. *Vespasien*, six en argent, trois en grand bronze, quatre en moyen bronze. (13 pièces.)

240. *Vespasien*, trois en argent, trois en grand bronze, trois en moyen bronze, deux en petit bronze, une *Domitille* en grand bronze. (12 pièces.)

241. Un *Titus* en or.

242. Trois *Titus* en argent, quatre en grand bronze, cinq en moyen bronze. (12 pièces.)

243. *Titus*, six en argent, six en moyen bronze. (12 pièces.)

244. Une *Julie* fille de *Titus* en argent.

245. *Titus* en argent, *Julie* fille de *Titus*, deux grands
bronzes, un moyen bronze, cinq *Domitien* en argent.
(9 pièces.)

246. Un *Domitien* en or.

247. *Domitien*, quatre en argent, quatre en grand bronze, quatre en moyen bronze. (12 pièces.)

248. *Domitien*, quatre en argent dont un quinaire, cinq
en grand bronze et cinq en moyen bronze. (14 pièces.)

249. *Domitien*, quatre en argent, cinq en moyen bronze,
trois en petit bronze. (12 pièces.)

250. *Domitien*, quatre en argent, neuf en moyen bronze.
(13 pièces.)

251. *Domitia*, une en argent fourrée, une en petit bronze.
(2 pièces.)

252. *Nerva*, cinq en argent, deux en grand bronze, trois
en moyen bronze et une en petit bronze. (11 pièces.)

253. *Nerva*, cinq en argent, deux grands bronzes, trois
en moyen bronze, et une en petit bronze. (11 pièces.)

254. *Trajan*, une pièce en or.

255. *Trajan*, cinq en argent, cinq en grand bronze, cinq
en moyen bronze. (15 pièces.)

256. *Trajan*, cinq en argent, cinq en grand bronze, six
en moyen bronze. (16 pièces.)

257. *Trajan*, cinq en argent, cinq en grand bronze, cinq
en moyen bronze. (15 pièces.)

258. *Trajan*, cinq en argent, cinq en grand bronze et cinq
en moyen bronze. (15 pièces.)

259. *Trajan*, cinq en argent, cinq en grand bronze, cinq
en moyen bronze. (15 pièces.)

260. *Trajan*, cinq en argent, cinq en grand bronze, cinq
en moyen bronze. (15 pièces.)

261. *Trajan*, sept en argent, un grand bronze, un moyen
bronze. (9 pièces.)

262. *Trajan*, quatre en argent, cinq en petit bronze.
(9 pièces.)

263. *Plotine* en argent. (1 pièce.)

264. *Trajan* père et *Nerva*, au revers de *Trajan* or. (1 pièce.)

265. *Marciane* en argent. (1 pièce.)

266. *Matidie* en argent, *Marciane* en argent. (2 pièces.)

267. *Hadrien* en or. (1 pièce.)

268. *Hadrien*, cinq en argent, cinq en grand bronze, cinq
en moyen bronze. (15 pièces.)

269. *Hadrien*, cinq en argent, cinq en grand bronze, cinq
en moyen bronze. (15 pièces.)

270. *Hadrien*, cinq en argent, cinq en grand bronze, cinq
en moyen bronze. (15 pièces.)

271. *Hadrien*, cinq en argent, cinq en grand bronze, cinq
en moyen bronze. (15 pièces.)

272. *Hadrien*, cinq en argent, cinq en grand bronze, cinq
en moyen bronze. (15 pièces.)

273. *Hadrien*, cinq en argent, cinq en grand bronze, cinq
en moyen bronze. (15 pièces.)

274. *Hadrien*, quatre en argent, huit en grand bronze,
une en moyen bronze, deux en petit bronze. (15 p.)

275. *Hadrien*, trois en argent, neuf en grand bronze.
(12 pièces.)

276. *Hadrien*, trois en grand bronze, trois en petit
bronze, *Antinoüs*, médaillon faux en bronze.
(7 pièces.)

277. *Sabine*, une en or.

278. *Sabine*, deux en argent, deux en grand bronze et
deux en moyen bronze. (6 pièces.)

279. *Sabine*, deux en argent, trois en grand bronze, et
deux en moyen bronze. (7 pièces.)

280. *Ælius*, un en argent, cinq en grand bronze, deux en moyen bronze. 8 pièces.)

281. Un *Antonin* en or.

282. *Antonin*, cinq en argent, six en grand bronze, cinq en moyen bronze. (16 pièces.)

283. *Antonin*, cinq en argent, six en grand bronze, cinq en moyen bronze. (19 pièces.)

284. *Antonin*, cinq en argent, six en grand bronze et cinq en moyen bronze. (16 pièces.)

285. *Antonin*, cinq en argent, six en grand bronze et cinq en moyen bronze. (16 pièces.)

286. *Antonin*, cinq en argent, six en grand bronze et cinq en moyen bronze. (16 pièces.)

287. *Antonin*, vingt en grand bronze.

288. *Antonin*, vingt en grand bronze.

289. *Antonin*, sept en grand bronze, six en moyen bronze et quatre en petit bronze. (17 pièces.)

290. Une *Faustine mère*, en or.

291. *Faustine mère*, cinq en argent, cinq en grand bronze, cinq en moyen bronze. (15 pièces.)

292. *Faustine mère*, cinq en argent, cinq en grand bronze, cinq en moyen bronze. (15 pièces.)

293. *Faustine mère*, trois en argent, un médaillon en bronze, quatre en grand bronze et trois en moyen bronze. (11 pièces.)

294. *Faustine mère*, grands bronzes. (11 pièces.)

295. *Marc-Aurèle* en or. (1 pièce.)

296. *Marc-Aurèle*, cinq pièces en argent, cinq en grand bronze, cinq en moyen bronze. (15 pièces.)

297. *Marc-Aurèle*, cinq en argent, cinq en grand bronze, cinq en moyen bronze. (15 pièces.)

298. *Marc-Aurèle*, cinq en argent, cinq en grand bronze, cinq en moyen bronze. (15 pièces.)

299. *Marc-Aurèle*, cinq en argent, cinq en grand bronze, cinq en moyen bronze. (15 pièces.)

00. *Marc-Aurèle*, trois en argent, neuf en grand bronze. (12 pièces.)

301. *Marc-Aurèle*, un en argent, et onze en grand bronze. (12 pièces.)

302. *Marc-Aurèle*, douze en grand bronze.

303. *Marc-Aurèle*, douze en grand bronze.

304. *Marc-Aurèle*, douze en grand bronze.

305. *Marc-Aurèle*, quatre en grand bronze, cinq en moyen bronze. (9 pièces.)

306. *Marc-Aurèle*, quatre en grand bronze, et deux en petit bronze. (6 pièces.)

307. *Faustine jeune*, une en or.

308. *Faustine jeune*, deux en argent, cinq en grand bronze, cinq en moyen bronze. (12 pièces.)

309 *Faustine jeune*, deux en argent, six en grand bronze, quatre en moyen bronze. (12 pièces.)

310. *Faustine jeune*, deux en argent, huit en grand bronze, trois en moyen bronze, une en petit bronze. (14 pièces).

311 *Faustine jeune*, trois en argent, douze en grand bronze. (15 pièces.)

312. *Verus* en or. (1 pièce.)

313. *Verus*, quatre en argent, une en petit bronze, un médaillon de bronze, deux en grand bronze. (8 pièces.)

314. *Verus*, un médaillon de bronze, quatre en grand bronze et quatre en moyen bronze. (9 pièces).

315. *Verus*, cinq en grand bronze et deux en moyen
bronze. (7 pièces.)
316. *Verus*, quatre en grand bronze et deux en moyen
bronze. (6 pièces.)
317. *Lucille* en or. (1 pièce.)
318. *Lucille*, deux pièces en argent et quatre en grand
bronze. (6 pièces.)
319. *Lucille*, deux pièces en argent, quatre pièces en
grand bronze, deux en moyen bronze. (8 pièces.)
320. *Lucille* en argent (1 pièce), six en grand bronze,
une en moyen bronze et une en petit bronze. (9 pièces.)
321. *Commode*, quatre en argent et quatre en grand
bronze. (8 pièces.)
322. *Commode*, quatre en argent et quatre en grand
bronze. (8 pièces.)
323. *Commode*, une en argent, un médaillon de deux cui-
vres. (2 pièces.)
324. *Commode*, dix en grand bronze.
325. *Commode*, neuf en grand bronze.
326. *Commode*, cinq en grand bronze et cinq en moyen
bronze. (10 pièces.)
327. *Commode*. Cinq en grand bronze, cinq en moyen
bronze. (10 pièces.)
328. *Commode*. Huit en grand bronze et deux en moyen
bronze. (10 pièces.)
329. *Commode*. Quatre en grand bronze et deux en petit
bronze. (6 pièces.)
330. *Crispine*. Une en argent, deux en grand bronze, deux
en moyen bronze. (5 pièces.)
331. *Crispine*. Deux en argent, deux en grand bronze et
trois en moyen bronze. (7 pièces.)

332. *Pertinax* en argent. (1 pièce.)

333. *Pertinax, Titiane* fausse, *dide Julien, Manlia Scan-tilla, didia Clara.* Cinq en grand bronze.

334. *Pescennius Niger.* Une pièce en argent.

335. *Albin.* Une pièce en argent et une en grand bronze. (2 pièces.)

336. *Albin.* Une pièce en argent, une en grand bronze et une en moyen bronze. (3 pièces.)

337. *Septime Sévère* en or. (1 pièce.)

338. *Septime Sévère.* Cinq en argent, trois en bronze. (8 pièces.)

339. *Septime Sévère.* Cinq en argent, trois en grand bronze. (8 pièces.)

340. *Septime Sévère.* Cinq en argent et trois en grand bronze. (8 pièces.)

341. *Septime Sévère*, huit en argent.

342. *Septime Sévère*, quatre en argent, un médaillon de bronze et trois en petit bronze. (8 pièces.)

343. *Julia Domna*, cinq en argent et deux en grand bronze. (7 pièces.)

344. *Julia Domna*, cinq en argent, deux en grand bronze. (7 pièces.)

345. *Julia Domna*, deux en argent, une en grand bronze et deux en moyen bronze. (5 pièces.)

346. *Caracalla* en or. (1 pièce.)

347. *Caracalla* en argent. (10 pièces.)

348. *Caracalla* en argent. (10 pièces.)

349. *Caracalla* en argent cinq pièces, en grand bronze deux pièces. (7 pièces.)

350. *Caracalla*, trois en grand bronze, quatre en moyen bronze. (7 pièces.)

351. *Plautille*, deux en argent et deux en petit bronze. (4 pièces.)

352. *Geta* en argent (6 pièces.)

353. *Geta*, deux en argent, une en grand bronze, deux en moyen bronze et une en petit bronze. (6 pièces.)

354. *Macrin*, deux en argent et une en grand bronze. (3 pièces.)

355. *Macrin*, deux en argent et une en grand bronze. (3 pièces.)

356. *Diadumenien* en argent. (1 pièce.)

357. *Diadumenien* en argent. (1 pièce.)

358. *Elagabale* en or. (1 pièce.)

359. *Elagabale* en argent. (10 pièces.)

360. *Elagabale* en argent. (10 pièces.)

361. *Elagabale* en argent deux pièces, en grand bronze trois, en petit bronze une. (6 pièces).

362. *Paula* en argent. (2 pièces.)

363. *Aquilia Severa* en argent. (1 pièce).

364. *Sœmias, Mœsa* en argent. (8 pièces.)

365. *Mœsa*, grand et moyen bronze. (2 pièces.)

366. *Sévère Alexandre* en or. (1 pièce).

367. *Sévère Alexandre* en argent. (10 pièces.)

368. *Sévère Alexandre* en argent. (10 pièces.)

369. *Sévère Alexandre* en grand bronze (10 pièces.)

370. *Sévère Alexandre* en grand bronze. (10 pièces.)

371. *Sévère Alexandre*, huit en grand bronze et quatre en moyen bronze. (12 pièces.)

372. *Sévère Alexandre*, quatre en moyen bronze, une *Orbiane* en argent. (5 pièces).

373. Une *Orbiane* en grand bronze, quatre *Mamée* en argent. (5 pièces.)

374. *Mamée*, cinq en argent et quatre en grand bronze.
(9 pièces.)

375. *Mamée*, cinq en grand bronze, une en moyen bronze
et une en petit bronze. (7 pièces.)

376. *Maximin Ier*, cinq en argent et cinq en grand bronze.
(10 pièces.)

377. *Maximin Ier*, cinq en argent, quatre en grand bronze,
une en moyen bronze et deux en petit bronze. (12
pièces.)

378. *Pauline*, une pièce argent, coin faux ; une *Pauline*
en grand bronze et un *Maxime* en argent. (3 pièces.)

379. Un *Maxime* en argent et deux en bronze. (3 pièces.)

380. Trois *Maxime* grand bronze et un *Gordien* d'Afrique
père. (4 pièces.)

381. Un *Gordien* d'Afrique fils, grand bronze. (1 pièce.)

382. *Balbin* en argent. (2 pièces.)

383. *Balbin* en argent et grand bronze. (2 pièces.)

384. *Pupien* en argent et en grand bronze. (2 pièces.)

385. Un *Gordien III* en or, percé.

386. *Gordien III*, en argent. (20 pièces.)

387. *Gordien III*, en argent. (22 pièces.)

388. *Gordien III*, deux en moyen bronze, 10 en grand
bronze. (12 pièces.)

389. *Gordien III*, grand bronze. (10 pièces.)

390. *Tranquilline*, une en argent et une en bronze, fausses
et une bonne d'Éphèse. (3 pièces.)

391. *Philippe père*, en argent. (20 pièces.)

392. *Philippe père*, en argent. (15 pièces.)

393. *Philippe père*, en grand bronze. (10 pièces.)

394. *Philippe père*, en grand bronze. (8 pièces.)

395. *Philippe père*, trois en grand bronze, deux en moyen
bronze et une en petit bronze. (6 pièces.)

396. *Otacille*, un médaillon d'argent faux et huit pièces
en argent.

397. *Otacille*, six en grand bronze et deux en moyen
bronze. (8 pièces.)

398. *Philippe fils*, cinq en argent, deux en grand bronze.
(7 pièces.)

399. *Philippe fils*, cinq en argent, deux en moyen bronze
et deux en grand bronze. (9 pièces.)

400. *Pacatien* en argent, faux, *Trajan Dece*, en or. (2
pièces.)

401. *Trajan Dece*, cinq en argent et trois en grand bronze.
(8 pièces).

402. *Trajan Dece*, cinq en argent, une grand bronze et
deux en moyen bronze. (8 pièces).

403. *Trajan Dece*, deux en argent et un médaillon de
bronze. (3 pièces.)

404. *Etruscille*, quatre en argent, deux en grand bronze.
(6 pièces.

405. *Etruscille*, trois en argent, deux en grand bronze.
(5 pièces.)

406. *Etruscus*, trois en argent.

407. *Etruscus*, deux en argent, une en grand bronze.
(3 pièces.)

408. *Hostilien*, deux en argent, une en grand bronze.
(3 pièces.)

409. *Trebonien Galle*, en argent. (9 pièces.)

410. *Trebonien Galle*, en argent deux pièces. en grand
bronze, trois. (5 pièces.)

411. *Volusien*, cinq en argent et deux en grand bronze.
(7 pièces.)

412. *Volusien*, cinq en argent et deux en grand bronze.
(7 pièces.)

413. *Volusien*, quatre en argent, une en grand bronze, un *Æmilien* en argent. (6 pièces).

414. Un *Æmilien* en argent et un en grand bronze. (2 pièces).

415. *Cornelia Supera* fausse. *Valerien père*, neuf en argent. (10 pièces.)

416. *Valerien*, huit en argent, une en grand bronze. (9 pièces.)

417. Deux *Mariniana*, sept en argent. (9 pièces.)

418. *Gallien*, une pièce en or.

419. *Gallien*, en argent. (10 pièces.)

420. *Gallien*, neuf en argent et deux en grand bronze. (11 pièces.)

421. Restitution de *Gallien*, *Auguste*, *Vespasien*, *Trajan*, *Antonin*, *Sévère Alexandre*. (5 pièces en argent.)

422. *Gallien*, quarante-sept pièces en petit bronze.

423. *Gallien*, trente-deux pièces en petit bronze, *Salonine*, neuf pièces en argent. (41 pièces.)

424. *Salonine*, onze pièces en argent, *Salonin*, 5 pièces en argent, *Valérien jeune*, 6 pièces en argent. (22 pièces.)

425. *Postume*, quinze pièces en argent.

426. *Postume*, onze pièces en argent et quatre en grand bronze. (15 pièces)

427. *Postume*, cinq pièces en grand bronze, deux en moyen bronze et six en petit bronze. (13 pièces.)

428. *Lœlien*, deux pièces en petit bronze; *Victorin*, vingt-trois pièces en petit bronze. (25 pièces.)

429. *Victorin fils*, deux pièces en petit bronze; *Marius*, trois pièces en petit bronze. (5 pièces.)

430. *Marius*, deux pièces en petit bronze; *Tetricus père*, quarante-huit pièces en petit bronze. (50 pièces.)

431. *Tetricus fils*, une pièce en argent fausse de Becker,
   trente-une pièces en petit bronze. (32 pièces.)

432. *Macrien*, en billon. (1 pièce.)

433. *Quietus*, en billon. (1 pièce.)

434. *Claude II*, cinquante-trois pièces en petit bronze.

435. *Quintille*, onze pièces en petit bronze; *Aurelien*,
   douze pièces en petit bronze; *Severine*, deux pièces
   en petit bronze. (25 pièces.)

436. *Severine*, trois pièces en petit bronze; *Vabalathe*,
   deux pièces en petit bronze; *Tacite*, cinq pièces en
   petit bronze. (10 pièces.)

437. *Florien*, deux pièces en petit bronze; *Probus*, un
   petit médaillon avec les trois monnaies. (3 pièces.)

438. *Probus*, vingt-neuf pièces en petit bronze.

439. *Carus*, cinq pièces en petit bronze; *Numérien*, cinq
   pièces en petit bronze; *Carin*, trois pièces en petit
   bronze. (13 pièces.)

440. *Magnia Urbica*, une pièce en petit bronze.

441. *Dioclétien*, une pièce en or.

442. *Dioclétien*, une pièce en argent et un médaillon avec
   les trois monnaies. (2 pièces.)

443. *Dioclétien*, quatorze pièces en moyen bronze et seize
   en petit bronze. (30 pièces.)

444. *Maximien Hercule*, une pièce en or.

445. *Maximien Hercule*, deux pièces en argent.

446. *Maximien Hercule*, dix-huit pièces en moyen bronze
   et dix-huit en petit bronze. (36 pièces.)

447. *Carausius* et *Allectus*, deux pièces en petit bronze.

448. *Domitius Domitianus*, une pièce en moyen bronze.

449. *Constance Chlore*, deux pièces en argent.

450. *Constance Chlore*, seize pièces en moyen bronze,
   trois en petit bronze. (19 pièces.)

451. *Hélène*, dix pièces en petit bronze ; *Theodora*, trois pièces en petit bronze. (13 pièces.)

452. *Galère Maximien*, une pièce en argent, huit en moyen bronze et quatre en petit bronze. (13 pièces.)

453. *Galeria Valeria*, deux pièces en moyen bronze.

454. *Galeria Valeria*, une pièce en moyen bronze ; *Sevère II*, trois en moyen bronze. (4 pièces.)

455. *Sevère II*, trois pièces en moyen bronze ; *Maximia d'Aza*, 7 pièces en moyen bronze et cinq en petit bronze. (12 pièces.)

456. *Maxence*, cinq pièces en moyen bronze et une en petit bronze ; *Romulus*, une en moyen bronze. (7 pièces.)

457. *Romulus*, une pièce en petit bronze ; *Licinius père et fils*, dix-sept en petit bronze. (18 pièces.)

458. *Constantin-le-Grand*, une pièce en or.

459. *Constantin-le-Grand*, neuf pièces en moyen bronze et soixante-quatorze en petit bronze. (83 pièces.)

460. *Constantin-le-Grand*, six pièces en petit bronze ; *Fausta*, six pièces en petit bronze. (12 pièces.)

461. *Crispus*, quinze pièces en petit bronze, en y comprenant un *Delmatius*.

462. *Constantin jeune*, vingt-une pièces en petit bronze et un *Constant I* en or. (22 pièces.)

463. *Constant I*, une pièce en argent et vingt-cinq en petit bronze. (26 pièces.)

464. *Constant I*, neuf pièces en petit bronze et un *Constantius* deux en or. (10 pièces.)

465. *Constancius II*, deux pièces en argent, deux en moyen bronze et vingt-six en petit bronze. (30 pièces.)

466. *Vetranio*, une pièce en petit bronze.

467. *Magnence*, une pièce en or.

468. *Magnence*, trois pièces en moyen bronze, onze en
petit bronze ; *Decence*, deux en moyen bronze et trois
en petit bronze. (19 pièces.)

469. *Constantius Gallus*, une pièce en argent et trois en
petit bronze. (4 pièces.)

470. *Julien II*, une pièce en or.

471. *Julien II*, une pièce en argent et trois en petit
bronze ; *Hélène*, trois en petit bronze. (7 pièces.)

472. *Jovien*, une pièce en argent et trois en petit bronze.
(4 pièces.)

473. *Valentinien I*, une pièce en or.

474. *Valentinien I*, une pièce en argent et huit en bronze.
(9 pièces.)

475. *Valens*, une pièce en or.

476. *Valens*, une pièce en argent et quatorze en bronze.

477. *Procope*, une pièce en argent.

478. *Gratien*, une pièce en or.

479. *Gratien*, une pièce en argent et douze en bronze.

480. *Valentinien II*, une pièce en or et sept en petit
bronze.

481. *Theodose I*, une pièce en or et neuf en petit bronze.

482. *Flaccile*, une pièce en petit bronze ; *Magnus Maximus*,
une pièce en or. (2 pièces.)

483. *Magnus Maximus*, une pièce en argent et trois en
petit bronze.

484. *Victor*, une pièce en argent et une en petit bronze.

485. *Eugène*, une pièce en argent et une en petit bronze.

486. *Arcadius*, une pièce en or.

487. *Arcadius*, une pièce en argent et six en petit bronze.

488. *Constance III*, une pièce en argent, fausse, *Hono-
rius*, une en or et deux en petit bronze.

489. *Constantin III*, une pièce en or et une en argent.

490. *Jovin*, une pièce en argent.

491. *Priscus Attalus*, un quinaire en or.

492. *Théodose II*, une pièce en or et trois en petit bronze.

493. *Eudocie* et *Jean Tyran*, deux pièces en petit bronze.

494. *Valentinien III*, un quinaire en or, et *Marcien*, un en petit bronze.

495. *Marcien*, une pièce en or.

496. *Pulchérie*, un quinaire en or.

497. *Léon Ier*, une pièce en or et une en argent.

498. *Majorien*, un quinaire en or.

499. *Sévère III*, un quinaire en or.

500. *Anthemus*, un quinaire d'or, et *Euphemie*, une pièce fausse en argent.

501. *Zenon*, un aureus et deux quinaires en or.

502. *Basilicus*, un quinaire en or.

503. *Julius Nepos*, un quinaire en or.

504. *Anastase*, un quinaire en or et trois pièces en bronze.

505. *Justin Ier*, un aureus.

506. *Justin Ier*, deux pièces en or et deux en argent.

507. *Justinien Ier*, un aureus et quatre pièces en bronze.

508. *Theodoric*, en argent, 1 pièce ; *Athalaric*, *Theodohate*, deux en bronze.

509. *Theodohate*, en bronze ; *Witiges*, en argent ; *Baduela*, en bronze. (3 pièces.)

510. *Gunthamundus*, en argent. (1 pièce.)

511. *Trisamundus*, en argent. (1 pièce.)

512. *Hildéric*, en argent. (1 pièce.)

513. *Justin II*, en or. (1 pièce.)

514. *Justin II* et *Sophie*, *Tibère II*, *Constantin*, quatre pièces en bronze.

515. *Maurice Tibère*, une pièce en or et une en bronze.

516. *Phocas*, une pièce en or et quatre en bronze.

517. *Heraclius Ier*, une pièce en or et deux en bronze.

518. *Heraclius II, Constantin, Gregoria* et *Constant II*, une pièce en argent et deux en bronze.

519. *Constant II*, une pièce en or et quatre en bronze.

520. *Constantin IV*, un quinaire en or.

521. *Justinien II*, une pièce en or et deux en bronze.

522. *Tibère V*, un aureus.

523. *Anastase II*, un aureus.

524. *Constantin V*, un aureus.

525. *Constantin V, Copronyme, Léon, Chazare, Léon Lisaurien, Nicephore Ier, Leon V, Constantin VII, Michel II* et *Theophile*, cinq pièces en bronze.

526. *Théophile, Michel III* et *Constantin*, 1 aureus.

527. *Basile Ier* et *Constantin VIII*, un aureus.

528. *Léon VI*, Le Sage, *Alexandre* et *Léon VI*, quatre pièces en bronze.

529. *Romain Ier* et *Christophore*, un aureus.

530. *Constantin X* et *Romain II*, un aureus.

531. *Constantin X* et *Zoé, Romain II*, trois pièces en bronze; *Nicephore II, Phocas*, en argent. (4 pièces.)

532. *Jean Zimisces*, sept pièces en bronze.

233. *Bazile II* et *Constantin XI*, un aureus.

534. *Constantin XI*, un aureus; *Eudocie* et *Constantin XIII*, une pièce en bronze.

535. *Constantin XIII*, un aureus.

536. *Romain IV, Eudocie, Michel VII, Constantin XIII, Andronic*, un aureus.

537. *Michel VII*, un aureus, *Nicéphore III, Botoniate*. (1 pièce en bronze.)

538. *Alexis Ier*, un aureus et une pièce en bronze.

539. *Jean II*, un aureus.

540. *Manuel I*[er], un aureus et une pièce en bronze.
541. *Manuel I*[er], *Andronic I*[er], *Isaac l'Ange*, *Alexis III* et *Michel VIII*. (4 pièces en bronze et une en or.)
542. *Andronic II*. (1 pièce en or et une en bronze.)
543. *Andronic III*, une pièce en bronze, *Urosius*, une pièce en argent, un quinaire d'or du Bas-Empire.
544. Onze petits bronzes incertains du Haut-Empire, attribués au règne d'*Auguste*.

MONNAIES FRANÇAISES

545. Tiers de sol mérovingien, CHOE FIT une pièce en or.
546. *Metz*, METTIE CIVITATI, un triens en or.
546 bis. *Toul*, TULL CIVITATI FIT un triens en or.
546 ter. LANDERICO, triens en or.
547. UFRIVOVICO, triens d'or. (1 pièce.)
548. Tiers de sol d'argent de *Dagobert III*, frappé à *Metz*.
548 bis. *Châlons-sur-Saône*, tête de face, triens en or.
548 ter. *Châlons-sur-Saône*, profil à droite, triens en or.
549. CAINONE CAS, triens d'or mérovingien.
549 bis. Triens mérovingien attribué à *Nasium*, mais c'est fort incertain.
550. MONGOCIACO FIT triens d'or mérovingien et triens d'argent sans légende, de la fin de la première race. (2 pièces.)
550 bis. Un triens mérovingien, non lu.
551. Tiers de sol d'or de *Grimoald*, au revers de *Charlemagne*.
552. Denier de *Charlemagne*, MEDOLLUS,
553. *Charlemagne*, METULLO. Grand type, et *Charlemagne* METULLO. Type ordinaire. (2 pièces.)

554. *Louis-le-Débonnaire*, CHRISTIANA RELIGIO. (3 pièces de différents styles.)

555. *Charles-le-Chauve, Saint-Denis* et *Eudes, Toulouse.* (2 pièces.)

556. *Charles-le-Gros Arles*, et *Lothaire* empereur *Dorestadt.* (2 pièces.)

557. *Charles III Melle, Henri Loiseleur Verdun.* (3 pièces.)

558. *Philippe Ier, Mâcon, Louis VI, Étampes*, et *Louis VI, Orléans.* (5 pièces.)

559. *Louis VII, Paris, Mantes, Pontoise.* (5 pièces.)

560. *Philippe-Auguste* et *Louis VIII.* (14 pièces de différents types.)

561. Aignel d'or de *Saint-Louis* ou *Louis X*, au marteau.

562. Quatre gros tournois et trois deniers de *Saint-Louis.* (7 pièces.)

563. Masse d'or de *Philippe III*, et trois gros tournois.

564. Gros royal de *Philippe IV.* (1 pièce en or.)

565. Seize pièces variées argent et billon de *Philippe IV.*

566. Quatre deniers de Louis X, un aignel d'or de *Philippe V*, et six pièces argent et billon du même.

567. Un royal d'or et une maille d'argent de *Charles IV.*

568. Un écu d'or, deux gros tournois, et sept deniers de *Philippe VI.*

569. Un mouton, un cavalier, deux pièces d'or de *Jean.*

570. Quatre pièces en billon de *Jean*, dont un gros blanc à la couronne.

571. *Charles V*, fleur de lys et florin. (2 pièces d'or et 5 pièces en billon.)

572. *Charles VI*, écu d'or et trois gros d'argent.

573. *Charles VI*, vingt-sept pièces variées en billon.

574. *Henri VI*, un salut d'or et cinq pièces en billon.

575. *Charles VII*, deux écus d'or.

576. *Charles VII*, un demi écu d'or et dix pièces en billon.

577. *Louis XI*, un écu d'or et vingt pièces en billon.

578. *Charles VIII*, un écu d'or et seize pièces en billon.

579. *Louis XII*, deux écus d'or.

580. *Louis XII*, un écu d'or pour la *Bretagne*, une pièce en argent et une en bronze, PERDAM BABYLONIS NO-MEN, frappées de nos jours à la Monnaie, et cinq billons. (8 pièces.)

581. *François I*, deux écus d'or, dont un pour le *Dauphiné*.

582. *François I*, deux écus d'or.

583. *François I*, deux testons, un demi teston et dix-neuf pièces en billon.

584. Un *Henri* d'or d'*Henri II*.

585. Un très beau teston en balancier, d'*Henri II*.

586. Quatre testons d'*Henri II*, dont un buste couronné et quinze pièces en billon.

587. Deux écus d'or de *Charles IX*.

588. Un demi écu d'or, quatre testons et un demi teston, de *Charles IX*.

589. Trois testons et huit pièces en billon de *Charles IX*.

590. Deux écus d'or d'*Henri III*.

591. Franc, demi franc, quart de franc d'*Henri III*. (10 pièces.)

592. Quart d'écu et blanc d'*Henri III*. (16 pièces.)

593. *Henri III*, quatorze pièces en billon et en cuivre, dont une assez rare pour le *Dauphiné*.

594. Écu d'or de *Charles IX, cardinal de Bourbon*.

595. Demi écu, quart d'écu, blanc, liard et denier tournois de *Charles X*, dix pièces, dont une médaille frappée à la Monnaie, pour son Sacre.

596. *Henri IV*, écu d'or.

597 *Henri IV*, testons et quarts d'écu. (10 pièces.)

598. *Henri IV*, quart d'écu, blanc, liard, deniers tournois.
(37 pièces.)

599. *Louis XIII*, double louis de 1640.

600. *Louis XIII*, louis de 1641.

601. *Louis XIII*, demi louis de 1643.

602. *Louis XIII*, deux écus d'or.

603. *Louis XIII*, deux écus d'or.

604. *Louis XIII*, deux testons, trois quarts d'écu.

605. *Louis XIII*, écu, demi écu, quart d'écu, huitième
d'écu, double tournois. (18 pièces.)

606. *Louis XIII*, écu, demi écu, huitième d'écu, double
tournois. (18 pièces.)

607. *Louis XIX*, écu, demi-quart, douzième et vingt-qua-
trième de l'écu au buste enfantin. (5 pièces.)

608. *Louis XIV*, deux écus frappés pour le *Béarn*.

609. *Louis XIV*, écu pour le *Béarn* et la Navarre, écu
pour la *Navarre* seule. (2 pièces.)

610. *Louis XIV*, pièce de trente sols frappée pour *Strasbourg*, en 1705, seizième d'écu et quatre pièces de
quatre sols. (11 pièces.)

611. *Louis XIV*, écu au buste enfantin de 1643, écu de
Flandre, dit Carambole, 1686, et trois petites pièces
aux L enlacés. (5 pièces.)

612. *Louis XIV*, un blanc frappé sous *Charles IX*, un sous
Louis XI, un sous *Clément VIII*, deux pièces de
trente deniers et une de seize deniers. (6 pièces.)

613. *Louis XIV*, un Louis d'or de 1652, buste enfantin
et un Louis d'or tête laurée à longs cheveux de 1690.

614. *Louis XIV*, un Louis d'or buste enfantin de 1649, et
un Louis tête laurée de 1690.

615. *Louis XIV*, un Louis d'or 1698; revers, quatre lys
    couronnés et quatre L.

616. *Louis XIV*, un Louis d'or 1694 et un demi-Louis
    tête enfantine de 1644.

617. *Louis XIV*, deux demi-Louis tête laurée à cheveux
    longs de 1690.

618. *Louis XIV*, écus, deux demi-écus, un quart et un
    huitième d'écu, écusson rond avec sceptre et main
    de justice. (5 pièces.)

619. *Louis XIV*, pièce de vingt-quatre sols, douze sols, six
    sols, au sceptre et à la main de justice, pièces en bil-
    lon aux deux LL adossés et pièces aux quatre L.
    (11 pièces.)

620. *Louis XIV*, écu, demi, quart, huitième d'écu, aux
    huit L. (5 pièces.)

621. *Louis XIV*, écu, demi et quart d'écu, aux huit L.;
    écu, quart d'écu, demi et douzième d'écu, à l'écus-
    son rond, aux deux palmes. (9 pièces.)

622. *Louis XIV*, écu, demi, quart et huitième d'écu aux
    trois couronnes. (4 pièces.)

623. *Louis XIV*, pièces de deux sols avec trois lys; écu,
    demi, quart et huitième d'écu, au buste enfantin; un
    demi-écu 1647, au buste enfantin. (7 pièces.)

624. *Louis XIV*, liard, six deniers, quatre deniers, liard
    aux deux têtes et doubles tournois. (24 pièces.)

625. *Louis XV*, double Louis d'or à lunettes de 1746.

626. *Louis XV*, Louis d'or et demi, Louis à lunettes.

627. *Louis XV*, Louis d'or de Malte.

628. *Louis XV*, pièce de douze sols, de trente sols, frap-
    pées à *Strasbourg*; Louis d'argent, tiers, demi et
    douzième d'écu, pièces de vingt et dix sols (8 pièces.)

629. *Louis XV*, écu de 1738, écus aux longs bandeaux.
(3 pièces.)

630. *Louis XV*, écus aux longs bandeaux, écu, demi,
quart d'écu. (6 pièces.)

631. *Louis XV*, cinquième, dixième d'écu; pièces de
douze, six et deux sols. (11 pièces.)

632 *Louis XV*, pièces de deux, d'un sol et liard.
(19 pièces.)

633. *Louis XVI*, double Louis d'or de 1786.

634. *Louis XVI*, Louis d'or de 1787.

635. *Louis XVI*, deux écus, deux demi-écus, un quart
d'écu. (5 pièces.)

636. *Louis XVI*, deux écus, deux demi-écus et deux pièces
de vingt-quatre sols.

637. *Louis XVI*, pièces de vingt-quatre, douze et six sols,
de trois sols, île de Bourbon, de deux sols, un sol,
6 deniers et 3 deniers. (34 pièces.)

638. *Louis XVI*, colonie de *Cayenne*, deux sols, deux
pièces d'essai de la *République* 1792, écus de 1792,
pièces de trente sols et quinze sols. (11 pièces.)

639. *Louis XVI*, pièces de vingt-quatre livres et de six
livres à l'ange de 1793. (2 pièces.)

640. *République*, cinq décimes de la régénération fran-
çaise, cinq décimes caducée et corne d'abondance,
assignat métallique, deux décimes, décimes, deux
sols, sols et centimes. (34 pièces.)

641. *Napoléon*, *Louis XVIII*, *Charles X*, *Louis-Philippe*
et *Napoléon III*, décimes, sols et centimes. (58 pièces.)

Monnaies seigneuriales.

642. Deniers d'*Anduse*, d'*Aquitaine*, d'*Anjou*, d'*Auvergne*,
de *Béarn*, *Châteauroux* (23 pièces.)

643. *Besançon*, demi-écu au buste de 1641, archevêques et impériales de cette ville. (18 pièces.)

644. *Souvigny*, *Cahors*, comté et duché de *Bourgogne*. (32 pièces.)

645. Comté et duché de *Bretagne*. (18 pièces.)

646. *Champagne*, *Chateauroux* et *Blois*. (15 pièces.)

647. *Chateaudun*, *Clermont-Ferrand*, *Cugnon*, *Dauphiné*, *Valence*, *Louis*, *Henri*, *François*, *Gaston*, *Marie de Dombes*. (39 pièces.)

648. Comté de *Flandres*, *Gien*, *Hainaut* et *Lyon*. (15 pièces.)

649. *Charles*, duc de *Mantoue*, comtes du Maine, évêques de *Meaux*, dont un *Reinaldus*, très rare. (19 pièces.)

650. *Montbelliard* et *Navarre*. (15 pièces.)

651. *Nivernais*, *Charles de Gonzague*, *Hervé*, *Mahaut*, *Poitou*, *Narbonne*. (15 pièces.)

652. *Florin* de *Jeanne*, comtesse de *Provence*.

653. *Provence*, *Alphonse*, *Charles d'Anjou*, un *Guillaume*, archevêque de *Reims*, et deux incertaines. (9 pièces.)

654. Principauté de *Sédan*, principauté d'*Orange*, de *Foix*, grands-maîtres de *Malte*, vingt-six pièces en bronze et une en argent.

655. *Sens*, *Toulouse*, *Tours*, *Vermandois*. (17 pièces.)

656. Archevêché de *Vienne*, *Trèves*, *Chatillon*, *Wurtemberg*, etc. (17 pièces.)

Monnaies étrangères.

657. Monnaies de la *Perse* et de la *Turquie*, une en or, vingt-neuf en argent et six en bronze.

658. Monnaies maures en bronze, et cinq pièces modernes, dont deux grecques fausses, en argent.

659. *Italie*, ducaton de *Philippe IV* pour *Milan*, écu du
même, deux petites pièces de *Frédéric II*, *Pavie*.
(4 pièces.)

660. *Pic de 'a Mirandole*, *Barnabé* et *Galéas*, ducs de *Milan*, *François I*er, empereur d'*Autriche*, royaume
Lombard Vénitien, huit pièces en argent et trois en
bronze. (13 pièces.)

661. *Italie*, *Napoléon*, *Marie Thérèse*, *Ferdinand I*er, dix-
sept pièces en bronze.

662. *Lucques*, *Charles Quint*, empereur, une pièce en or.

663. *Milan*, *Ancône*, *Guillaume*, *Ferdinand I*er, *Mantoue*,
Plaisance. *Edouard V*, *Florence* république, *Cosme II*,
Ferdinand II, *Ferdinand*, *Cologne*, douze pièces ar-
gent et billon.

664. *Cologne*, sols et centimes de *Charles Félix*, roi de
Sardaigne, sols et billon de *Charles Emmanuel*, *Victor
Emmanuel*, *Amédée VI*, *Louis*, *Charles I*er, *Emma-
nuel Philibert*, ducs de *Savoie*. (30 pièces.)

665. *Monaco*, un billon d'*Honoré III*, décime et cinq centimes d'*Honoré V*, *Venise*, *André Gritti*, *André Dan-
dolo*, *Jacques Tiepolo*, *Paul René*, ducat d'or, deux
pièces de bronze de *Venise*. (13 pièces.)

666. Deux monnaies d'argent de *Gênes*, 1794, cinq centimes de *Marie-Louise*, cinq centimes de *Genève*, et
treize pièces d'*Henri I*er, *Edouard I*er, *II* et *III* d'Angleterre. (17 pièces.)

667. Ecu d'or d'*Edouard III*, d'*Angleterre*.

668. *Jacques II*, *Elisabeth*, *Charles II*, *Georges III*, *Guillaume IV* d'*Angleterre*, neuf pièces argent et douze
en bronze.

669. *Georges IV*, *Guillaume IV*, *Victoria*, onze pièces en
argent et dix-huit en bronze.

670. *Victoria*, un demi-souverain et trente-huit pièces
en bronze de son règne et des règnes précédents,
monnaies, médailles et jetons.

671. Pièces frappées comme monnaies, médailles, jetons
pour les colonies anglaises, trois pièces en argent et
vingt-deux en bronze.

672. Quatre sols de *Pascal Paoli*, une pièce d'argent de
Ferdinand II pour la *Sicile* et dix-sept pièces en
bronze frappées pour la *Sicile*, *Malte*, *République pié-
montaise*.

673. *République helvétique*, *Canton d'Urgovie*, *d'Appenzell*,
de *Bâle*, neuf pièces en argent et douze en bronze.

674. Canton de *Berne*, de *Fribourg*, de *Glaris*, des *Gri-
sons*, treize pièces argent et billon et treize en bronze.

675. Une pièce en or de *Genève* de 1576.

676. Canton de *Genève*, du *Tesin*, *Saint-Gall* et *Lu-
cerne*, onze pièces en argent et billon et vingt-une en
bronze.

677. Canton de *Schaffouse*, de *Soleure*, de *Turgovie*, d'*Un-
derwald*, d'*Uri*, de *Vaud*, trente pièces en bronze, argent et billon.

678. Canton de *Vaud*, de *Zug*, de *Zurich*, de *Neufchatel*
sous *Berthier*, de *Guillaume de Prusse*, prince du *Va-
lais*, trente-deux pièces en billon et bronze.

679. *Lauzanne*, *Tyrol*, *Evêché de Sion*, *Berne*, *Suisse*, *Soleure*, *Fribourg*, vingt-six pièces en bronze et billon.

680. *Othon*, roi de *Grèce*, une pièce d'or de 20 drachmes.

681. *Othon*, cinq, un, demi, quart de drachmes; dix,
cinq, deux lepta. (9 pièces.)

682. *Capo d'Istria*, vingt, dix et cinq lepta, monnaies de
cuivre pour la *Dalmatie* et l'*Albanie*, monnaies chi-
noises, onze pièces en bronze.

683. Monnaies d'or des *Provinces-Unies de 1655*.

684. Ducat de *Hollande* de 1830 et cinq gulden du roi *Guillaume*, deux pièces d'or.

685. Une monnaie d'or d'Utrecht et sept monnaies en argent, billon et cuivre d'*Utrecht*.

686. Ecu de *Gueldre Charles duc de Gueldre*, et sept monnaies en cuivre de la province de *Gueldre*.

687. Monnaie d'or de *Philippe II*, comte de *Flandre*, un écu; deux monnaies en argent et deux en bronze, *West Frise*; quatre pièces de cuivre d'*Utrecht* et d'*Over Issel*. (10 pièces.)

688. Ecu et pièce six sols de *Swolf*; sept pièces en cuivre de *Zélande*.

689. Une pièce en or de *Dewinter*, une pièce six sols de la même ville, et *Philippe II* pour le Brabant; un écu de *Maximilien Henri*, évêque de *Liège*. (4 pièces.)

690. Un sterling de *Hall*, et vingt-neuf pièces argent et cuivre des *Pays-Bas*.

691. Ecu de *Charles II* d'*Espagne*, frappé à Anvers; seize pièces en argent et en cuivre des *Pays-Bas* et huit pièces en bronze de la série des centimes de *Léopold*.

692. Un joli florin de *Jean l'Aveugle*, roi de *Bohême*.

693. Un florin probablement d'*Orange*, sur lequel on lit : FLORI. AURA.

694. Une joli pièce de mariage en argent, au revers : JESUS-CHRIST assistant aux noces de *Cana*.

695. Ecu de *Georges I*ᵉʳ, frappé pour *Brunswick*, monnaie d'argent de *Hanovre*; *Maximilien*, comte palatin du *Rhin*, écu de 1665, cinq pièces en argent.

696. Demi-écu de *Louis I*ᵉʳ, de *Bavière, Maximilien Joseph*, et quatre petites monnaies en billon de *Bavière*.

697. *Louis de Bade*. Ecu, demi et quart d'écu, six kreuzer et petites monnaies de Bade en billon. (18 pièces.)

698. *Saxe*. Ecu de *Frédéric Auguste*; *Auguste*, 1557, *Jean Philippe*, *Saxe*, *Altenbourg*, 1652. (5 pièces.)

699. *Wurtemberg*, *Guillaume*, deux écus, un demi-écu, quatre pièces en billon. (7 pièces.)

700. *Duché de Nassau*, quatre billons; *Murat*, 1806; trois stuber et un florin d'or de *Robert*, archevêque de *Cologne*, 1480. (7 pièces.)

701. Un *Ernest Albert*, prince de Hottingen *Léopold*, archiduc d'*Autriche*, Jean de *Spire*, monnaies de *Berg*, *Hildesheim*, etc., quatorze pièces argent et billon.

702. *Maximilien Emmanuel* et *Anne d'Autriche*, pièce d'or de quatre ducats et demi.

703. Monnaies de cuivre des pays ci-dessus.

704. Ecu de *Léopold*, archiduc d'*Autriche*; demi écu de *Marie-Thérèse* pour la *Flandre*; une médaille en argent de *Marie Thérèse* pour l'Académie des Sciences de *Bruxelles*.

705. *Joseph II*, empereur d'*Autriche*, demi-écu, billon et sols. (13 pièces.)

706. *Ducat*, demi-écu et pièces de cuivre de *Léopold* et *Ferdinand*, empereur d'*Autriche*. (12 pièces.)

707. Ecu, pièces d'argent billon et cuivre de *François II*, *Marie-Thérèse*, *Ferdinand II*, *Albert* et *Elisabeth*. (17 pièces.)

708. *François I*ᵉʳ d'*Autriche*, *Ferdinand III*, *Autriche* et *Hongrie*, *Léopold II*, argent, billon et cuivre. (30 pièces.)

709. *Guillaume III* de *Hesse*, *Louis II*, *Guillaume I*ᵉʳ, *Charles*, prince de *Lobeinstein*, argent, billon et cuivre. (16 pièces.)

710. Quarante francs de *Jérôme Napoléon*.

711. Vingt francs du même.

712. Dix francs du même.

713. Cinq francs du même.

714. *Jérôme Napoléon*, 2/3 de thalers, sixième de thalers, et autres divisions en billon et en cuivre. (10 pièces.)

715. *Saxe-Cobourg*, duché du *Luxembourg*, *Marie-Thérèse*, *Léopold* II, *Phalsbourg*, *Wurtsbourg*, *Waldeck*, *Cologne*, argent, billon et cuivre. (34 pièces.)

716. *Aix-la-Chapelle*, *Mayence*, *Alexis Frédéric*, prince d'*Anhalt*, *Munster*, etc., monnaies en argent, billon et cuivre. (31 pièces.)

717. *Francfort*, écu, demi-écu, six kreutzer, ville de *Hann*, *Hochfurst*, etc., argent, billon et cuivre. (14 pièces.)

718. Une pièce d'or de *Philippe* II d'*Espagne*.

719. Une pièce d'or de *Jeanne et Charles* d'*Espagne*.

720. Deux gros écus, deux pièces d'argent et une pièce en cuivre de *Philippe* d'*Espagne*.

721. *Philippe* II d'*Espagne*, une pièce d'argent et treize en cuivre.

722. Une pièce d'or, une pièce d'argent et cinq pièces de cuivre de *Philippe* III d'*Espagne*.

723. Trois écus, neuf pièces d'argent et quatre de cuivre de *Philippe* IV d'*Espagne*.

724. Un écu, 4 pièces d'argent et sept pièces de cuivre de *Philippe* V d'*Espagne*.

725. Un demi-écu, quatre pièces d'argent, quatre pièces de cuivre et une piastre en or de *Philippe* VI d'*Espagne*.

726. Une pièce d'or de deux piastres, une d'une piastre, deux pièces d'argent et de cuivre de *Charles* III, roi d'*Espagne*.

727. Quart de quadruple de *Charles* IV *d'Espagne*, une pièce en or.

728. Piastre, quatre pièces d'argent et douze de cuivre de *Charles* IV d'*Espagne*.

729. Huitième de quadruple, piastre, une pièce d'argent et huit pièces de cuivre de *Ferdinand* VII.

730. Quatre pièces d'argent, quatre pièces de cuivre de *Joseph Napoléon* et d'*Elisabeth* II, de *Charles* II d'*Espagne*, de *Ferdinand* et *Elisabeth*. (33 pièces.)

731. *Portugal*, *Pierre* II, *Jean* V, *Joseph* Ier, *Marie*, *Jean* VI, une pièce en argent et vingt en bronze.

732. Treize monnaies russes en cuivre.

733. Quarante monnaies russes en cuivre.

734. Monnaies d'or de *Jean Casimir*, roi de *Pologne*.

735. *Pologne*, *Sigismond*, *Auguste*, *Frédéric Auguste*, *Stanislas*, *Auguste* III, *Révolution de Pologne*, 1831, dix-sept pièces argent, billon et cuivre.

736. *Suède*, *Adolphe* II, *Christine*, *Charles* XII, *Eléonore*, *Frédéric* II, *Bernadotte*, *Frédéric* VI, une pièce en argent et trente-trois en cuivre.

737. Ecu et divisions de *Frédéric de Prusse*. (6 pièces.)

738. Ecu et divisions de *Frédéric Guillaume*. (6 pièces.)

739. Ecu et divisions de *Frédéric Guillaume* III. (6 pièces.)

740. Ecu, divisions et cuivre de *Frédéric Guillaume* III. (29 pièces.)

741. Ecu, divisions et cuivre de *Frédéric-Guillaume* IV. (13 pièces.)

742. Quarante-six belles médailles de *Lorraine*, la plupart de *Saint-Urbain* en bronze.

743. *Clément* X, *Clément* XII, deux belles médailles en bronze.

744. FERDINANDUS COMES MASSILIUS, *Jean Sobieski*, à l'occasion de la paix avec la Moscovie, deux belles médailles en bronze.

745. *Louis XV*, victoire du duc d'*Aiguillon*; *Bonaparte*, colonne départementale; *Charles X*, son sacre; trois belles médailles en bronze.

746. *Charles X*, cinq médailles en bronze.

747. *Napoléon* Ier, six médailles et deux jetons.

748. Une belle médaille en argent de *Frédéric-le-Grand*, roi de *Prusse*.

749. Médailles de *Charles Alexandre*, duc de *Lorraine*, de *Frayssinous*, de *Napoléon*. (3 pièces.)

750. Quatorze jetons en cuivre de *Napoléon*.

Lorraine.

751. *Gérard d'Alsace*, premier duc de *Lorraine*.

752. *Berthe de Souabe*, duchesse de *Lorraine*.

753. *Mathieu* II, duc de *Lorraine*, revers *Aigle*.

754. *Ferri* III. (6 pièces.)

755. *Ferri* III. (6 pièces.)

756. *Thibaut* II, deux pièces variées.

757. *Ferri* IV, une pièce.

758. *Raoul*, une pièce.

759. *Marie de Blois*, régente, une pièce.

760. *Jean* Ier, deux pièces variées.

761. *Charles* II, quatre pièces.

762. *René* Ier, trois pièces.

763. *René* Ier, quatre pièces.

764. *René* II, trois pièces.

765. *René* II, six pièces.

766. *Antoine*, duc de *Lorraine*, grand écu, revers écusson de *Lorraine*, entouré de huit écussons, savoir : *Hongrie*, *Naples*, *Jérusalem*, *Aragon*, *Anjou*, *Bar*, *Vaudemont* et *Blamont*.

767. Un teston, un demi-teston et trois plaquettes d'*Antoine*, duc de *Lorraine*.

768. Onze petites pièces d'*Antoine*, duc de *Lorraine*.

769. Teston de *François* Ier, duc de *Lorraine*.

770. Quatre monnaies de *François* Ier, duc de *Lorraine*

771. Onze petites monnaies de *Charles* III, duc de *Lorraine*

772. Vingt-quatre petites monnaies de *Charles III*, duc de *Lorraine*

773. Bel écu de *Charles III*, écu plein de *Lorraine*, supporté par deux aigles et surmonté par un heaulme.

774. Testons et deux demi-testons de *Charles III*.

775. Deux demi-testons et cinq petites pièces de *Charles III*.

776. Deux testons, deux demi-testons de *Charles III*.

777. Quatre testons de *Charles III*.

778. Testons de *Henri II*.

779. Vingt-quatre petites pièces de *Henri II*.

780. Dix-neuf petites pièces de *Henri II*.

781. Six petites pièces de *Charles IV* et *Nicole*.

782. Six petites pièces du même.

783. *Charles IV*, teston rare de 1626.

784. *Charles IV*, huit petites pièces.

785. *Charles IV*, huit petites pièces.

786. Doubles de *Lorraine*, sous *Louis XIII*. (3 pièces.)

787. *Charles IV*, deux testons, un demi-teston et une petite médaille d'argent.

788. Une petite monnaie de *Marie-Louise*, d'*Aspremont*, épouse de *Charles* IV.

789. Testons, demi-testons et petites pièces de *Léopold* I*ᵉʳ*. (12 pièces.)

790. Demi-écu, testons, demi-testons de *Léopold* I*ᵉʳ*. (6 pièces.)

791. Demi-testons, billons et liards de *Léopold* I*ᵉʳ*. (11 p.)

792. Cinquante deniers et divisions, billons et liards de *Léopold* I*ᵉʳ*.

793. *Léopold* I*ᵉʳ*, 7 billons, *François* III, un teston et sept billons.

Évêché de Metz.

794. Monnaies de *Metz* pendant le siége vacant, un franc, un teston, quatre gros et quatre demi-gros.

795. *Metz*, un gros, huit petites pièces en argent, et six en cuivre.

796. *Adalberon* II.

797. *Bertrand*.

798. *Jacques de Lorraine*. (4 pièces.)

799. *Jean d'Aspremont*. (2 pièces.)

800. *Thierry* IV et *Frédéric de Pluvoise*. (2 pièces.)

801. *Étienne de Bar*. (3 pièces).

802. *Renaud de Bar*. (2 pièces.)

803. *Adhémar de Monteil*. (1 pièce.)

804. *Raoul de Coucy*, un gros et une obole.

805. *Thierry de Bopard*. (4 pièces.)

806. *Robert de Lenoncourt*. (6 pièces.)

807. *Conrad de Bopard*. (1 pièce.)

808. *Charles* II *de Lorraine*, *évêque de Metz*, et deux jetons de *Metz*.

Evêché de Toul.

809. Monnaie de *Toul*, comme cité. (1 pièce.)
810. *Pierre de Brixei*.

Evêché de Verdun.

811. *Thierry*. (4 pièces.)
812. *Charles de Lorraine*, une pièce avec la tête.
813. Teston *d'Eric*, pièce très-rare.
814. *Eric*, deux pièces dont une avec la tête.
815. Quatre pièces d'*Henri l'Oiseleur*, dont une obole.
816. Petite monnaie du *Chapitre de Remiremont*.
817. *Baudoin*, archevèque de *Trèves*, denier et obole,
    Arnold, archevêque de *Trèves*, (3 pièces.)
818. *Trèves, Charles Gaspard, Jean Hugues*. (16 pièces.)
819. *Edouard* III, évèque de *Bar*.
820. *Robert*; duc de *Bar*. (2 pièces.)
821. *Henri*, duc de *Bar*. (1 pièce.)
822. *Guillaume de Namur*, deux pièces et quatre jetons
    de *Lorraine*.
823. Médaille de *Charles-Alexandre*, duc de *Lorraine*, et
    jeton de *Fouquet*, duc de *Belle-Isle*.
824. Soixante-deux jetons de *Lorraine* en cuivre.
825. Gros et demi-gros de *Strasbourg*, six pièces en
    argent.
826. Quatorze monnaies d'argent de *Strasbourg*.
827. Deux médailles et huit jetons de *Lorraine* en cuivre.
828. Soixante-onze jetons en bronze représentant les
    effigies des rois de *France*.

829. Une médaille en argent de *Loos* avec les effigies de *Louis* XVII et sa sœur. Une médaille en argent et une en bronze, frappée pour *Charles X* par la ville de *Verdun*. Un essai de *Louis-Philippe* en cuivre jaune, une pièce de un franc et une petite médaille d'*Henri* V, un autre d'*Henri* IV et *Louis* XVIII, bronze. (7 pièces.)

Pièces de Siège.

830. Siége de *Landau*, 1713, deux florins, huit kreutzer.
831. *Brissach*, 1633. *Ulm*, 1704, argent. (2 pièces.)
832. *Aire*, 1710, cinquante sols, une pièce.
833. *Tournai*, 1709, *Strasbourg*, 1592, argent. (2 pièces.)
834. *Hambourg*, 1809, une pièce en argent; *Sarragosse* sous le commandant *Palafox*, une pièce en bronze; *Valence*, 1823, une pièce en argent; *Breda*, 1625, une pièce en bronze.
835. *Lille*, sous le maréchal de *Boufflers*, six pièces en bronze, 1708; *Anvers*, 1814; *Louis* XVIII et *Napoléon*, 8 pièces en bronze.
836. *Mayence*, 1793, sept pièces en bronze; *Luxembourg*, 1766, deux pièces.
837. *Cologne*, 1730, sol de *Milan*, *Barcelone*, *Catalogne*, *Utrecht*, 1579. *Jacques* II, 1680. (10 pièces.)
838. *Colonies françaises* sous *Louis* XIV, sol de *Cayenne*, pièce frappée par *Charles* XII, roi de *Suède*. (22 p.)
839. Une pièce frappée sous *Frédéric de Suède*, en 1622.
840. Dix médailles d'argent frappées pour des colonies *espagnoles*, *République bolivarienne*, etc.
841. Huit médailles dans le même genre.

842. *Bolivar* et médailles frappées pour les *colonies espagnoles*, dix pièces en argent.

843. *République péruvienne, mexicaine*, une pièce en or,
deux en argent et quatre en bronze.

844. *Bogota, Uruguay, Montréal*, une pièce en or et quatre
en argent.

845. *Etats-Unis*, une pièce en or et six en argent.

846. *Boyer*, en argent, pièces en bronze des *Etats-Unis,
Venezuela, Pondichéry*. (14 pièces.)

847. Une pièce d'or pour le mariage de *Napoléon*; une
pièce d'or du duc de *Berry* et de sa femme.

848. Vingt-trois petites médailles de *Napoléon* et de la
Restauration.

849. *Tribunal d'appel, Sénat conservateur, Tribunal civil,
Conseil d'État, Corps législatif*, cinq médailles d'argent.

850. Une médaille religieuse de la Pâque en argent doré,
une médaille satirique, un pape et un cardinal, en
argent.

851. Un écu des *Pays-Bas*, 1764, *Maximilien de Bavière,
Louis* XIV, etc. (12 pièces.)

852. Deux pièces grecques fausses en argent et onze pièces romaines, argent et billon.

853. *Pie* IV, *Pie* V, *Grégoire* XIII, *Sixte-Quint, Clément*
VIII, *Urbain* VIII, etc., 20 pièces en argent et bronze

854. *Innocent* X, XI, *Clément* X, XII, XIII, *Pie* VI, etc.
23 pièces argent et bronze.

855. *Pie* VIII, une pièce en or et cinq en bronze

856. *Léon* XII, *Grégoire* XVI, *Pie* IX, quatorze monnaies
et médailles argent et bronze.

857. *Innocent* IV, *Alexandre* IV, *Urbain* IV, *Clément* IV,
et *Grégoire* X, 5 bulles de pape en plomb.

858. *Martin* IV, *Clément* VI, *Eugène* IV, *Nicolas* V,
Pie II, cinq bulles de pape en plomb.

859. *Grégoire* VIII, *Léon* X, *Alexandre* VII, *Clément* XII,
Pie VII, six bulles de pape en plomb.

860. Belle médaille en bronze de *François*, duc de *Valois*,
plus tard *François* Ier.

861. Belle médaille en argent de *Maurice*, prince d'O-
range.

862. *Louis* XIII et *Anne*, médaille en bronze.

863. *Richelieu* et *Aretin*, deux médailles en bronze.

864. Belle médaille sans revers de *Louis* XIV, restaura-
teur de l'ordre de Saint-Michel.

865. Grande médaille en bronze de *Canellus, Turianus*,
architecte de *Cremone*.

866. *Marie d'Autriche*, fille de *Charles-Quint*, *Louis* XIV
et *Anne*, deux médailles en bronze.

867. *Henri* IV, *Louis* XII, *Louis* XIII, *Louis* XV, *Louis*
XVII, *Louis* XVIII, six médailles en bronze.

868. *Henri* IV, *Louis* XV, *Louis* XVI, *Sylvain Bailly*, 7
médailles en bronze.

869. *Louis* XIV, *Louis* XV, *conseil des anciens, Charles* X,
duc de Bordeaux, M. Roy, le *général Foy* et *Louis-
Philippe*, onze médailles en bronze.

870. *Pierre*, duc de *Courlande, Heur et Malheur, Mathieu
de Dombasle, Louis-Philippe, Bethoven* ; *République*
1848 et un jeton de *Henri* III, neuf médailles.

871. *Lafontaine, René Rapin, Clément-Marot, Quinault,
Racine, Voiture, Benserade*, huit médailles en bronze.

872 *Boileau, Crébillon, Carolus Ruæus, Destouches*, Jean
Commircus, Marais, Cornelius, Scheltinger, de *Fonte-
nelle*, huit médailles.

873. *Delalande, Sammarthanus, Santolius, Victorinus*,

Lulli, Odescalchus, Ulysse, Gozzadinus, six médailles
en bronze.

874. *Charles de l'Aubespine,* une médaille en bronze et
une médaille en étain, fédération martiale.

Monnaies diverses.

875. Vingt-trois gauloises en potin.

876. Vingt-trois id. id.

877. Vingt-une id. id.

878. Environ quatre-vingt-cinq grands bronzes romains.

879. Environ quatre-vingts moyens bronzes romains.

880. Cent petits bronzes romains.

881. Cent id. id.

882. Cent id. id.

883. Soixante id. id.

883 *bis.* Un lot de petits bronzes.

884. Trente médailles modernes en bronze.

885. Trente id. id. id.

886. Trente id. id. id.

887. Treize id. id. id. du règne de *Louis-
Philippe* et règnes précédents.

888. Vingt-trois médailles grecques en bronze.

889. Vingt id. id.

890. Vingt id. id.

891. Cent trente monnaies en billon de France et des
pays étrangers.

892. Cent monnaies de cuivre.

893. Cent id. id.

894. Cent id. id.

895. Cent id. id.

896. Un lot monnaies, mereaux, jetons argent et cuivre.
(42 pièces.)

897. Cinquante mereaux en cuivre.
898. Cinquante   id.   id.
899. Cinquante   id.   id.
900. Cinquante   id.   id.
901. Cinquante   id.   id.
902. Cent dix jetons en cuivre.
903. Cent dix   id.   id.
904. Cent dix   id.   id.
905. Cent dix   id.   id.
906. Cent dix   id.   id.
907. Cent dix   id.   id.
908. Environ quatre-cinq jetons en cuivre.
909. Cinquante-six médailles religieuses.
910. Cinquante   id.   id.
911. Cinquante   id.   id.
912. Cinquante   id.   id.
913. Cinquante   id.   id.
914. Cinquante   id.   id.
915. Cinq médailles en argent, pièces de mariage.
916. Dix jetons en argent.
917. Dix jetons en argent.
918. Dix jetons en argent.
919. Six jetons en argent octogones de diverses compagnies.
920. Cinq jetons en argent de diverses compagnies.
921. Vingt-huit adresses en cuivre de différents fabricants.
922. Vingt empreintes en cuivre de cachets maçoniques.
923. Trois dyptiques *bysantins* RUSSES très beaux dont un émaillé.
924. Sept plaques *byzantines* RUSSES provenant de dyptiques et deux croix religieuses.
925. Vingt pièces d'essai des derniers temps.

926. Série des pièces en étain du concours de 1848. (75 pièces.)

927. Un lot d'empreintes de pierres gravées.

928. Soixante-sept poids dés XVII et XVIII⁰ siècles.

PIERRES GRAVÉES.

929. Une paire boutons doubles. La Sainte VIERGE et l'Enfant JÉSUS montés en argent, *Saint-Georges* terrassant le *Dragon*, monté sur cuivre. (3 pièces.)

930. Deux bagues en cuivre, dont une avec inscription; une bague en argent avec les bustes de *Marat* et *Lepelletier*; un cachet avec le faisceau et le bonnet de la Liberté.

931. Cinq cachets sur cornaline et agate blanche.

932. Un camée à deux couches têtes de femme et trois cachets.

933. Une bague et une boucle d'oreille en or.

934. Dix pierres gravées en intailles.

935. 10   id.   id.   id.

936. 10   id.   id.   id.

937. 10   id.   id.   id.

938. 10   id.   id.   id.

939. 10   id.   id.   id.

940. 10   id.   id.   id.

941. 10   id.   id.   id.

942. 10   id.   id.   id.

943. 10   id.   id.   id.

944. 10   id.   id.   id.

945. 10   id.   id.   id.

946. 10   id.   id.   id.

947. 14   id.   id.   id.

948. Trois camées.

949. Neuf objets bagues, boucles, etc.

950. Dix-sept pierres non gravées.

951. Quatorze camées sur corail.

952. Dix camées sur coquilles et pâtes.

953. Treize camées sur coquilles et pâtes.

954. Cinq pâtes gravées en creux et sept agates herborisées.

955. Une bague antique en or cornaline.

956. Quatre bagues en argent et en cuivre.

957. Une chaîne en argent, du moyen-âge, tenue par par deux grands anneaux.

958. Une épingle, deux fibules et un fragment de fibule; quatre objets en argent.

959. Six sceaux gothiques en bronze.

960. Dix sceaux en bronze.

ANTIQUITÉS.

961. Une tête de *Domitien* sur albâtre orientale transparente.

962. *Hercule gaulois*, en bronze, très jolie patine; hauteur environ 22 cent.

963. *Mars gaulois* appuyé sur un bouclier; jolie statuette en bronze.

964. *Esculape gaulois* en bronze.

965. *Apollon Hyperboréen*, statuette en bronze argentée. On trouve sur quelques médailles gauloises la représentation de cette divinité.

966. Une statuette en bronze de Vénus à moitié nue.

967. Deux cariatides en bronze trouvées près de *Reims*.

968. Un *Dieu Mars* en bronze.

969. Un lion, un dauphin et un coq, trois pièces en bronze.

970. *Minerve gauloise*, dauphin et *Dagon* des *Philistins*, trois pièces en bronze.

971. *Jupiter gaulois*, en fer, fragment d'une statue assise sur un rocher, en bronze, et prêtresse en bronze. (3 pièces.)

972. Un *Cupidon* et un *Apollon gaulois*, et un fragment de figurine, trois pièces en bronze.

973. Un buste de cheval en terre cuite, une petite figurine en bronze et un candélabre en bronze. (3 pièces.)

974. Deux petits bronzes représentant les âmes du purgatoire dans les flammes.

975. Un beau bronze moderne représentant l'*Empereur Claude* en habit militaire.

976. Un beau bronze moderne représentant *Mercure*.

977. Un bronze moderne FAUNE.

978. Un joli bronze moderne la *Renommée*.

979. Un joli bronze moderne, *Ganimède* enfant jouant avec la foudre.

980. Un *Dieu indien* en bronze.

981. Un bassin en bronze d'un joli travail.

982. Une très jolie coupe antique en bronze.

983. Une coupe en bronze très jolie, anses formées par têtes de bélier.

984. Une marmitte gauloise en bronze à trois pieds et deux anses.

985. Une très jolie marmitte en métal de cloche avec pieds ornés, anses, inscriptions et écusson, avec la date de 1641.

986. Une *Vierge* en ivoire, avec couronne d'argent, tenant l'Enfant *Jésus*.

987. Une sainte en ivoire.

988. Un très joli pot flamant avec sujets et émaux de deux couleurs.

989. Un magnifique pommeau d'épée terminé par une tête de lion d'une très belle patine et d'un très beau travail en bronze.

790. Six haches romaines en bronze, dont deux très belles.

991. Trois vases et une clochette en bronze.

992. La hampe d'un étendard en bronze.

993. Une superbe clef romaine en bronze.

994. Trois clefs romaines en bronze.

995. Trois clefs romaines en bronze très bien conservées.

996. Un moule de coin romain en bronze.

997. Dix-sept coins romains en bronze de différentes grandeurs.

998. Quatre lances anciennes en bronze.

999. Une très jolie épingle antique en bronze.

1000. Quatre beaux colliers romains en bronze.

1001. Un lot cuillères en bronze.

1002. Un lot colliers et bracelets en bronze.

1003. Cinq agraffes en bronze richement ornées.

1004. Six lampes en terre cuite.

1005. Un lot lampes antiques en terre cuite.

1006. Trois dés romains, une statuette égyptienne en terre et diverses aiguilles antiques en bronze et en ivoire.

1007. Un lot colliers égyptiens en verre.

1008. Un lot de petits pavés de mosaïque et verre, deux dés à jouer et trois petits objets égyptiens.

1009. Un lot de clefs moyen-âge en fer.

1010. Cinq haches celtiques en silex.

1011. Un poignard et trois fers de lances en fer.

1012. Un lot d'éperons en fer.

1013. Une belle épée en fer du moyen-âge bien conservée.

1014. Une arbalète en fer.

1015. Environ soixante vases romains et gallo-romains en terre cuite de différentes formes et couleurs, quelques-uns très élégants. (Ce lot sera divisé.)

1016. Quatre vases romains en verre.

1017. Un médailler à dessus de marbre en acajou, avec grand tiroir en haut, porte à deux battants, et vingt-cinq tiroirs garnis de cartons.

1018. Un médailler à deux corps en bois de rose, à incrustation, avec dessus de marbre, composé en haut de cinquante-sept tiroirs, et trois grands tiroirs garnis de leurs cartons, et, dans le bas, d'une armoire avec une tablette formant deux corps. Ce médailler, d'un joli style, a servi autrefois de boîte à horloger au roi Stanislas.

1019. Un médailler mérisier verni renfermant trente tiroirs garnis de leurs cartons.

1020. Un médailler mérisier verni renfermant soixante tiroirs avec cartons, plus quatre grands tiroirs pouvant contenir de quatre à cinq cartons.

1021. Sous ce numéro seront vendus tous les objets non décrits dans le Catalogue.

Maulde et Renou, imprimeurs de la Compagnie des Commissaires-Priseurs, rue de Rivoli, 144.
3487

IMPRIMERIE ET LITHOG. MAULDE ET RENOU,
r. de Rivoli, 144.

www.ingramcontent.com/pod-product-compliance
Ingram Content Group UK Ltd.
Pitfield, Milton Keynes, MK11 3LW, UK
UKHW031804170726
13836UKWH00003B/1181